Impressum
Verlag: BABADADA GmbH, Nedderfeld 112 , 22529 Hamburg
Geschäftsführer / Verlagsleitung: Harald Hof
Druck: Books on Demand GmbH, In de Tarpen 42, 22848 Norderstedt

Imprint
Publisher: BABADADA GmbH, Nedderfeld 112 , 22529 Hamburg, Germany
Managing Director / Publishing direction: Harald Hof
Print: Books on Demand GmbH, In de Tarpen 42, 22848 Norderstedt

baruumsaa
school

daree
classroom

hirii
divide

186/2

gabatee
board

dallaa mana baruumsaa
school yard

barsiisaa
teacher

warqaa
paper

barreessuu
write

qalama
pen

minjaala
desk

sarartuu
ruler

kitaaba
book

barataa
pupil

korojoo baattamu

satchel

teessoo irsaasii

pencil case

irsaasii

pencil

qartuu irsaasii

pencil sharpener

haqxuu

rubber

paadii fakkii

drawing pad

fakkii

drawing

burusha halluu

paintbrush

saanduqa halluu

paint box

maqasa

scissors

maxxansituu

glue

daftara

exercise book

hojii manaa

homework

12

lakkoofsa

number

2+2

ida'ii

add

5-2

hir;isi

subtract

2×2

bay;isi

multiply

heerregii

calculate

A

xalayaa

letter

ABCDEFG
HIJKLMN
OPQRSTU
VWXYZ

tarree qubee

alphabet

hello

jecha

word

kitaaba barataa

text

dubbisuu

read

biroonkii

chalk

baruumsa

lesson

galmeessuu

register

qormaata

exam

raga barreeffamaa

certificate

uffata mana baruumsaa

school uniform

barnoota

education

insaaykiloopeediyaa

encyclopedia

yuunivarstii

university

maaykiroos kooppii

microscope

kaartaa

map

qircaata gatoo

waste-paper basket

hoteela
hotel

hosteela
hostel

biiroo de cheenjee
bureau de change

shaanxaa kafanaa
suitcase

konkolaataa
car

afaan

language

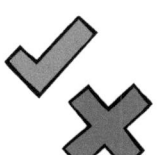

eyyeen / mitii

yes / no

haa ta'u

Okay

heloo

hello

turjmaana

translator

galatoomaa

Thank you

meeqa

how much is…?

naaf hingalle

I do not understand

rakkoo

problem

akkam ooltan

Good evening!

akkam bultan?

Good morning!

halkan gaarii

Good night!

nagaatti nagaatti

bye bye

kallattii

direction

ba'aa imalaa

luggage

korojoo

bag

ba'aa dugdaa

backpack

keessummaas

guest

kutaa

room

korojoo hirriibaa

sleeping bag

dukkaana

tent

odeeffannoo turistii

tourist information

qarqara haroo

beach

kireedit kaardii

credit card

ciree

breakfast

laaqana

lunch

irbaata

dinner

tikkeetii

ticket

liiftii

lift

chaappaa

stamp

daangaa

border

barmaatilee

customs

embaasii

embassy

viizaa

visa

paasspoortii

passport

xayyaara
aeroplane

jabala
ship

injiiniinabiddaa
fire engine

baasii
bus

daandii figichaa
truck

bidiruu mototoraa
motorboat

bishkliliitii
bike

konkolaataa
car

bidiruu deeddebii
ferry

bidiruu
boat

doqdoqqee
motorbike

konkolaataa foolisaa
police car

konkolaataa dorgommii
racing car

konkolaataa kiraa
rental car

konkolataa waliin gahuu

car sharing

marsaa boqqoonna

breakdown truck

daandii dhorkaa

refuse truck

motora

motor

boba'aa

fuel

buufata boba'aa

petrol station

mallattoo tiraafikaa

traffic sign

tiraafika

traffic

cuccufaa daandii konkolaataa

traffic jam

dhaabbii konkolaataa

car park

buufata baburaa

train station

konkolaataa guddaa

tracks

baabura

train

baabura eleektirikaa

tram

gaarii fardaa

carriage

helikooftara

helicopter

buufata xayyaaraa

airport

qooxii

tower

keessummaa

passenger

konteenara

container

kaartunii

carton

gaarii

cart

qirccaata

basket

barrisuu / qubachuu

take off / land

magaalaa gudaa
city

araddaa

village

handhuura magaalaa

city centre

mana

house

sinimaas
cinema

dhaadhessuu
advert

ibsaa daandii
street lamp

godaanaa
street

taksii
taxi

dukkaana isnaakii
snack shop

lafoo
pedestrian

ba'iinsa
pavement

ceetoo zabraa
zebra crossing

balfa
bin

ceetoo
crossing

Ibsaatiraafikaa
traffic lights

godoo

hut

diriiraa

flat

buufata baburaa

train station

galma magaalaa

town hall

muuziyeemii

museum

baruumsaa

school

yuunivarstii

university

baankii

bank

hospitaala

hospital

hoteela

hotel

mana qorichaa

pharmacy

waajjira

office

dukkana kitaabaa

book shop

dukkaana

shop

gurgurtuu abaabo

florist's

suppar maarkeetii

supermarket

gabaa

market

kuusaa dame

department store

kiyyeessituu qurxxummii

fishmonger's

giddu gala gabaa

shopping centre

buufata galaanaa

harbour

paarkii

park

tessoo dalgee

bench

riqica

bridge

sibsaabii

stairs

Lafa jala

underground

holqa

tunnel

buufata konkolaataa

bus stop

baarii

bar

mana nyaataa

restaurant

saanduqa poostaa

postbox

mallattoodaandii

street sign

idoo dhaabbii konkolaataa

parking meter

dallaa beeladaa

zoo

haroo daakkaa

swimming pool

masgiida

mosque

qonna

farm

faalama

pollution

iddoo awwaalchaa

graveyard

charchii

church

dirree taphaa

playground

siidaa

temple

teechuma lafaa
landscape

baala
leaf

maxxansa beeksiisaa
signpost

karaa
way

huruufa magariisa
meadow

dhakaa
stone

nama lafoo deemu
hiker

muka
tree

laga
river

mrga
grass

abaaboo
flower

sulula

valley

tabba

hill

hara

lake

bosona

forest

gammoojjii oo;aa

desert

dhooyinsalafaa

volcano

masaraa

castle

sabbata waaqqaa

rainbow

jaarsa marqoo

mushroom

muka teemiraa

palm tree

bookee busaa

mosquito

balali'uu

fly

mixii

ant

kanniisa

bee

sarariitii

spider

boombii

beetle

hurrii

frog

shikookkoo

squirrel

xaddee

hedgehog

beelada illeentii fakkaatu

hare

jajuu

owl

simbira

bird

daakkiyyee

swan

ifaannaa

boar

godaa

deer

godaa ameerikaatti argamu

moose

riqicha

dam

tarbaayinii buubbee

wind turbine

panaalii soolaarii

solar panel

haala qilleensaa

climate

keessummeessaa
waiter

meenuu
menu

teessoo
chair

saamunaa
soup

piizaa
pizza

katlarii
cutlery

uffata minjaalaa
tablecloth

calqabsiisaa

starter

madda muummee

main course

deezaartii

dessert

dhugaatii

drinks

nyaata

food

qaruuraa

bottle

nyaata qophaa'aa

fast food

nyaata karaa irraa

street food

markajii shaayii

teapot

qodaa shukkaaraa

sugar bowl

uwwisa

portion

maashina espereessoo

espresso machine

teessoo ol ka'aa

high chair

nagahee

bill

tirii

tray

hlbee

knife

shuukkaa

fork

fal'aana

spoon

fal'aana shaayii

teaspoon

uffrata minjaala nyaataa

serviette

burcuqqoo

glass

diiriiraa

plate

teessoo saamunaa

soup plate

teessoo siinii

saucer

sugoo

sauce

qodaa sooqiddaa

salt pot

daaktuu barbaree

pepper mill

hadhooftuu

vinegar

zayita

oil

qimamii

spices

kachappii

ketchup

sanaafica

mustard

maaynoneezii

mayonnaise

The main illustration shows a supermarket scene with the following labels:

- **kenaa addaa** / special offer
- **maamila** / customer
- **oomish aannanii** / dairy
- **baabura eelektirikaa** / trolley
- **fuduraa** / fruit

mana foonii	tolchituu	ulfaatina safaruu
butcher's	baker's	weigh
kuduraa	foon	nyaataqorraa
vegetables	meat	frozen food

foon qorraa

cold meat

nyaata samsmaa

tinned food

oomoo

washing powder

mi'aawaa

sweets

oomisha meeshaa manaa

household products

bu'aa qulqulleessuu

cleaning products

nama gurgurtaa

salesperson

hanga

till

qarshi qabduu

cashier

taree gabaa

shopping list

sa'aatii baniinsaas

opening hours

krojoo qarshii kan dhiiraa

wallet

kireedit kaardii

credit card

korojoo

bag

korojoo pilaastikaa

plastic bag

bishaan

water

cuunfaa

juice

aannani

milk

kookii

coke

wayinii

wine

biiraa

beer

alkoolii

alcohol

kookaa

cocoa

shaayii

tea

buna

coffee

espereesso

espresso

kaappuchuunoo

cappuccino

muuzii

banana

aappilii

apple

burtukaana

orange

meeloonii

melon

loomii

lemon

kaarotii

carrot

qullubbii adii

garlic

leemmana

bamboo

qullubbii

onion

jaarsa marqoo

mushroom

godoo

nuts

gowwaa

noodles

ispaageetii

spaghetti

ruuza

rice

salaaxaa

salad

chiipsii

chips

moose affeelamaa

fried potatoes

piizaa

pizza

hmbargarii

hamburger

saanduchii

sandwich

kotaleetii

cutlet

foon booyyee kan luka
fuuiduraa

ham

nyaata mi'eessituu fi
sooggiddan sukkummame

salami

sausage

sausage

lukuu

chicken

waaddii

roast

qurxummii

fish

bulluqa aajjaa

porridge oats

masliis

muesli

fandishaa

cornflakes

daakuu

flour

kiroosantii

croissant

daabboo-

bread roll

daabboo

bread

dabboo oo'aa

toast

buskuuta

biscuits

dhadhaa

butter

itittuu

curd

keekii

cake

buuphaa

egg

buuphaa affeelamaa

fried egg

ayibii

cheese

aays kireemii

ice cream

shukkaara

sugar

damma

honey

marmaalaataa

jam

chokkoleetii bittinnaa'aa

chocolate spread

kuurii

curry

mana qonnaa
farmhouse

gootaraa
barn

tuulaa margaa
straw bale

dirree
field

farda
horse

konkolaataa harkifamaa
trailer

konkolaataa qonnaa
tractor

ilmoo fardaa
foal

harree
donkey

hoolaa
sheep

foon jabbii
lamb

ra'ee

goat

sa'a

cow

jabbilee

calf

booyyee

pig

ilmoo booyyee

piglet

korma

bull

ziyyee

goose

daakkiyyee

duck

lukkuu

chick

lukkuu haadhoo

hen

lukkuu kormaa

cock

hantuuta

rat

adurree

cat

hantuuta goodaa

mouse

qotiyyoo

ox

saree

dog

mana saree

doghouse

ujjummoo oddoo

garden hose

kan ittin bishaan obaasan

watering can

haamtuu dheeraa

scythe

qotuu

plough

haamtuu

sickle

gasoo

hoe

manshii

pitchfork

qotoo

axe

gaarii goommaa

wheelbarrow

suluula

trough

meeshaa aannanii

milk can

keeshaa

sack

dallaa

fence

tasgabbii

stable

mana biqiltuu

greenhouse

biyyee

soil

sanyii

seed

dachee gabbistuu

fertilizer

kmbaayinara haamaa

combine harvester

haamuu

harvest

haamuu

harvest

biqiltuu hundeen isaa
nyaatamu

yams

qamadii

wheat

sooy

soy

moose

potato

boqqoolloo

corn

raappii siidii

rapeseed

muka fudraa

fruit tree

kzaavaa

cassava

midhaan biilaa

cereals

hula aaraa
chimney

baaxii
roof

ujummo bishaanii
drainpipe

fooddaa
window

garaajii
garage

bilibila balbalaa
doorbell

balbala
door

teessoo balfaa
rubbish bin

saanduqa xaiayaas
letterbox

oddoo
garden

kutaa jireenyaa

living room

kutaa dhiqannaa

bathroom

mana bilcheessaa

kitchen

kutaa ciisichaa

bedroom

kutaa ijoollee

child's room

kutaa nyaataa

dining room

lafa

floor

ededaa

wall

baaxii

ceiling

seelaarii

cellar

saawunaa

sauna

baankoonii

balcony

madaba

terrace

puulii

pool

konkoolaataa haamaa

lawn mower

ansoolaa

sheet

uffata siree

bedspread

siree

bed

hartuu

broom

baaldii

bucket

cufuu

switch

wolpeepparii
wallpaper

fakkii
picture

foon hoolaa
lamp

masalangaa
shelf

kaappi boordiis
cupboard

tlevisziinii
television

midijjaa
fireplace

abaaboo
flower

boraatiii
cushion

soofaa
sofa

tessoo abaaboo
vase

too'attuu halaalaa
remote control

afata
carpet

golgaa
curtain

minjaala
table

teessoo
chair

teessoo rarra'aa
rocking chair

teesoo ciqilffannaa
armchair

kitaaba

book

uffata qorraa

blanket

midhagina

decoration

muka qoraanii

firewood

fiilmii

film

meeshaa

hi-fi equipment

furtuu

key

gaazexaa

newspaper

dibuu

painting

barjaa

poster

reedyoonii

radio

daftara yaadanoo

notepad

meeshaa eeleektirikaa afata
qulqulleessu

hoover

laaftoo

cactus

dungoo

candle

firiijii
fridge

midijjaa maayikirooweevii
microwave oven

meeshaa bilcheessaa
kitchen scales

waaddituu
toaster

saaunaa
detergent

midijjaa
oven

qabbaneessitu
freezer

teessoo balfaa
rubbish bin

saafaa
dishwasher

bilcheesssituu

cooker

okkotee

pot

cast-iron pot

cast-iron pot

sataatee

wok / kadai

waaddituu

pan

markajii

kettle

jabala humna urkaa

steamer

tirii bilcheessaa

baking tray

bantuu qaruuraa

crockery

geeba

mug

sayinaa

bowl

dibata hidhii

chopsticks

cilfaa

ladle

shuukkaa

spatula

areeda aduurree

whisk

dhimbiibduu

strainer

gingilchaa

sieve

meeshaa farfartuu

grater

mooyyee

mortar

waadii abiddaa

barbecue

midijjaa

open fire

maktafiyaa

chopping board

martuu

rolling pin

bantuu qaruuraa

corkscrew

danda'uu

can

banuu danda'uu

can opener

teesoo okkotee

pot holder

lixuu

sink

buruushii

brush

ispoonjii

sponge

meeshaa waliin makaa

blender

qabbaneessaa guddaa

deep freezer

xuuxxoo

baby bottle

ujjuummoo

tap

oo'istuu
heating

shhworii
shower

baaldii
towel

golgaa shaaworii
shower curtain

daakaa bashannanaa
bubble bath

gabatee dhiqannaa
bathtub

burcuqqoo
glass

maashina miiccaas
washing machine

ujjuummoo
tap

billookkeetti
tiles

waan xiqqoo
potty

lixuu
sink

mana fincaanii
toilet

mana fincaanii taa'e
squat toilet

saafaa
bidet

sahiinaa mana fincaanii
urinal

sooftii
toilet paper

burusha mana fincaanii
toilet brush

buruushii ilkaanii

toothbrush

saamunaa ilkaanii

toothpaste

soqxuu ilkaanii

dental floss

dhiquu

wash

qaama dhiqannaa aadaa

handheld shower

kan dach

douche

sulula

basin

mana dhiqataa

back brush

saamunaa

soap

dibata dhiqannaa boodaa

shower gel

shaampuu

shampoo

jejuu

flannel

gogsuu

drain

kireemii

cream

dodoraantii

deodorant

daawitii

mirror

daawitii hrkaa

hand mirror

milaacii

razor

dibata areedaas

shaving foam

diibata areedaa

aftershave

filaa

comb

burusha

brush

qoorsituu rifeensaa

hair dryer

hafuuftuu rifeensaa

hairspray

meekaappii

makeup

lippistiikii

lipstick

qeessa muculiksituu

nail varnish

jirbii

cotton wool

murtuu qeessa

nail scissors

shittoo

perfume

kutaa dhiqannaa - bathroom

korojoo dhiqannaa

washbag

gatteechuma

stool

iskeelii ulfaatinaa

weighing scale

uffata dhiqannaa

bathrobe

guwaantii pilaastikaa

rubber gloves

moodesii

tampon

fooxaa qulquulinaa

sanitary towel

keemikaala mana fincaanii

chemical toilet

sa'aatii alaarmii
alarm clock

Eebbiyyoo Hammatamu
cuddly toy

konkolaatt ijollee
toy car

hasaasuu
rattle

mana eebbiyyo
doll's house

jira
present

baaloonii

balloon

siree

bed

gaarii daa'imaa

pram

Minjaala Kaardii

deck of cards

akaafaa

jigsaw

kofalchiisaa

comic

lego bricks

lego bricks

dlookii ijaarsaa

building blocks

lakkofsa gochaa

action figure

guddina daa'imaa

babygrow

saahinaa taphaa

frisbee

mobaayilii

mobile

gabatee taphaa

board game

kuubii lakk. 1-6 qabu

dice

teessuma leenji'aa
modeelaa

model train set

fakkii

dummy

afeerrii

party

kitaaba fakii

picture book

kubbaa

ball

eebiyyoo

doll

tapha

play

boolla cirrachaa

sandpit

hodhuu

swing

eebbiyyoo

toys

konsoli tapha viidyoo

video game console

marsaa sadii

tricycle

eebiyyo hammatamtu

teddy bear

sanduqaa dhaabbii

wardrobe

cuufinsa

clothing

kaalsii

socks

istookingii

stockings

taayitii

tights

guftaa
scarf

qabattoo
belt

dibaaboo
umbrella

qomee
t-shirt

leenjitoota
trainers

bidiruuwwan
boots

slipparii
slippers

kophee banaa

sandals

kophee

shoes

bidiruu pilaastikaa

rubber boots

butaantaa

underpants

harmaa

bra

sadariyyaa

vest

qaama

body

kofoo dheeraa

trousers

jiinsii

jeans

dalgee

skirt

shamiza

blouse

shurraaba

shirt

shurraaba

pullover

haaguuggii jaakkeettii

hoodie

yuunifoormii

blazer

jaakkeettii

jacket

kootii

coat

kafana roobaa

raincoat

barsuma

costume

wandaboo

dress

kafana gaa'ilaa

wedding dress

kafana guutuu

suit

uffata halkanii

nightgown

bijaamaa

pyjamas

wandaboo hindii

sari

guftaa

headscarf

marata

turban

burqaa

burqa

jalabiyyaa

kaftan

abaya

abaya

kafana daakkaa

swimsuit

mudhii

trunks

kofoo gabaabaa

shorts

kafanafgichaa

tracksuit

appiroonii

apron

guwwaantii

gloves

furtuu

button

burcuqqoowwan

glasses

gumee

bracelet

amartii

necklace

qubeelaa

ring

glii

earring

geeba

cap

fanoo kootii

coat hanger

qoobii

hat

karbaata

tie

ziippii

zip

heelmeetii

helmet

collee

braces

uffata mana baruumsaa

school uniform

yuunifoormii

uniform

kafana gorooraa
....
bib

fakkii
....
dummy

naappii
....
nappy

sarvarii
server

faayil kaabineetii
filing cabinet

piriintarii
printer

warqaa
paper

moonitarii
monitor

minjaala
desk

maawzii
mouse

fooldarii
folder

kiiboordii
keyboard

qircaata gatoo
waste-paper basket

teessoo
chair

kompitara
computer

siinii bunaa
....
coffee mug

herregduu
....
calculator

intarneetii
....
internet

lab tooppii

laptop

xalaya

letter

ergaa

message

mobbyilii

mobile

neetwoorkii

network

maashina footokoppii

photocopier

sooft weerii

software

bilbila

telephone

sookkeetii suuqii

plug socket

maashina faaksiis

fax machine

uunkaa

form

dookimantii

document

bituu

buy

kafaluu

pay

daldaluu

trade

qarshii

money

doolaara

dollar

yuroou

euro

yen

yen

ruubilii

rouble

Farankaa swwiz

Swiss franc

yuwaanii reenmiinbii

renminbi yuan

ruuppee

rupee

kaash pooyintii

cashpoint

biiroo de cheenjee

bureau de change

warqee

gold

meeta

silver

zayita

oil

human

energy

gatii

price

koontiraata

contract

taaksii

tax

shaqaxa

stock

hojjechuu

work

qacaramaa

employee

qacaraa

employer

faabrikaas

factory

dukkaana

shop

qondaala foolisii
police officer

hojetaa balaa abiddaa
fireman

bilcheessituu
cook

doktora
doctor

paayileetii
pilot

waardiyyaa

gardener

ogeessa mukaa

carpenter

ooftuu jabalaa

seamstress

abbaa seeraa

judge

keemistii

chemist

ta'aa

actor

konkolaachisaa

bus driver

konkolaachisaataaksii

taxi driver

qurxumii kiyyeessaa

fisherman

qulqulleessituu

cleaning lady

hojetaa baaxii

roofer

keessummeessaa

waiter

adamisituus

hunter

halluu dibduu

painter

tolchituu

baker

elektrishaana

electrician

ijaaraa

builder

injinara

engineer

mana foonii

butcher

hjjetaa ujummoo

plumber

poostaa geessituu

postman

raayyaa

soldier

arkteektii

architect

qarshi qabduu

cashier

abaaboo gurgurtuu

florist

dabbasaa murtuu

hairdresser

kondaaktara

conductor

makaanika

mechanic

kaappiteenii

captain

hakiima ilkee

dentist

saayntiistii

scientist

rabbi

rabbi

imaama

imam

moloskee

monk

luba

clergyman

burruusa
hammer

hiktuu cufamu
pliers

hiktuu
screwdriver

hiktuu
spanner

daamotii--
torch

gasoo

digger

saanduqa meeshhalee

toolbox

kortoo

ladder

magaazii

saw

bismaara

nails

diriilii

drill

suphuu

repair

akaafaa

shovel

dhaabi

Damn!

gataa balfaa

dustpan

qodaa haalluu

paint pot

hiktuu

screws

meeshaalee muuziqaa
musical instruments

sagalee guddistuu
loudspeaker

teessoo dibbee
drum kit

gitaara
guitar

sagalee baay'ee xiqqaa
double bass

tiraampeetii
trumpet

piyaanoo

piano

vaayoolinii

violin

sagalee xiqqaa

bass

timpaanii

timpani

dibbee

drums

kiiboordii

keyboard

saaksi foona

saxophone

ulullee

flute

may craafoona

microphone

qeerreensa
tiger

seensa
entrance

garondoo
cage

hare diidoo
zebra

soorata beeladaa
animal feed

paandaa
panda

beeladoota

animals

arba

elephant

kaangaaroo

kangaroo

warseesa

rhino

jaldeessa guddaa

gorilla

godaa

bear

gala

camel

guchii

ostrich

leenca

lion

jaldeessa

monkey

fiilaamingoo

flamingo

simbira dubbattu

parrot

diibii poolarii

polar bear

peengyuunii

penguin

shaarkii

shark

piikookii

peacock

bofa

snake

qocaa

crocodile

eegaa zoo

zookeeper

chaappaa

seal

sanyii qeerensaa

jaguar

farda gabaabduu

pony

sanyii qeerrensaa

leopard

roobii

hippo

sattaawwaa

giraffe

culullee

eagle

ifaannaa

boar

qurxummii

fish

qocaa galaanaa

turtle

beelada bishaan keessaa

walrus

sardiida

fox

godaa

gazelle

kubbaa miilaa ameerikaa
American football

dargmmii bishkilileettaa
cycling

teenisa
tennis

kubba kaachoo
basketball

bishaan daakkaa
swimming

aboottoo
boxing

sigigoo cabbie
ice hockey

kubbaa miilaa
football

baadmentanii
badminton

atileetii
athletics

kubba harkaa
handball

skiing
skiing

pooloo
polo

kolfa
laugh

utaalcha
jump

hammachuu
hug

deemuu
walk

sirbuu
sing

abjuu
dream

kadhannaa
pray

dhungoo
kiss

barreessuu

write

fakkii kaasuu

draw

agrsiisuu

show

dhiibuu

push

kennuu

give

fudhachuu

take

qabaachuu

have

gochuu

do

ta'uu

be

dhaabbachuu

stand

kaachuu

run

harkisuu

pull

darbachuu

throw

kufuu

fall

soba

lie

eeguu

wait

baachuus

carry

taa'uu

sit

uffachuu

get dressed

rafuu

sleep

dammaquu

wake up

ilaaluu

look at

iyyuu

cry

dhiibbaa dhiigaa

stroke

filuu

comb

haasa'uu

talk

hubachuu

understand

gaafachuu

ask

dhggeeffachuu

listen

dhuguu

drink

nyaachuu

eat

ol kaasuu

tidy up

jaalala

love

bilcheessuus

cook

oofuu

drive

barrisuu

fly

sochii - activities

jabalan

sail

heerregii

calculate

dubbisuu

read

baruumsa

learn

hojjechuu

work

fuudha

marry

hodhuu

sew

ilkaan rigachuu

brush teeth

ajjeecha

kill

xuuxuu

smoke

erguu

send

karaa haadhaa

akaakayyuu karaa abbaa
grandfather

abbaa
father

haadha
mother

daa'ima
baby

intala durbaa
daughter

ilma dhiiraa
son

keessummaas
guest

adaadaa
aunt

eessuma
uncle

obboleessa
brother

obboleettii
sister

adda
forehead

ija
eye

ceekuu
shoulder

quba
finger

fuula
face

igicii
chin

harka
hand

harma
breast

luka
leg

irree
arm

daa'ima

baby

nama

man

dubartii

woman

durba

girl

mucaa

boy

mataa

head

duuba

back

godhami

belly

belly button

belly button

qubq miilaa

toe

koomee

heel

lafee

bone

dirra

hip

jilba

knee

ciqilee

elbow

fuunyaan

nose

jala

bottom

gogaa

skin

boqoo

cheek

gurra

ear

hidhii

lip

afaan

mouth

ilkee

tooth

arraba

tongue

sammuu

brain

onnee

heart

fon irree

muscle

somba

lung

tiruu

liver

garaacha

stomach

kaleewwan

kidneys

wal qunnamitii saalaa

sex

kondomii

condom

buphaa dubartii

ovum

mi'oo

semen

ulfa

pregnancy

laguu ji'aa

menstruation

buqushaa

vagina

tuffee

penis

laboobbaa ijaa

eyebrow

rifeensa

hair

morma

neck

qaama - body

hospitaala
hospital

ambulaansii
ambulance

wiilchaariis
wheelchair

caba
fracture

doktora

doctor

kutaa hatattamaa

emergency room

narsii

nurse

hatattama

emergency

kan hin dammaqin

unconscious

dhukkubbii

pain

miidhhaa

injury

dhiiguu

bleeding

dhukkuba onnee

heart attack

baay'ina dhiigaa

stroke

hooqxoo

allergy

qufaa

cough

oo'aa qaamaa

fever

qufaa

flu

baasaa

diarrhoea

bowoo mataa

headache

kaansarii

cancer

dhibee sukkaaraa

diabetes

baqaqsanii hodhuu

surgeon

halbee

scalpel

hojii

operation

CT
CT

raajii
x-ray

aaltraasaawandii
ultrasound

haguuggii fuuiaa
face mask

dhukkuba
disease

kutaa haar galfii
waiting room

hirkannaa
crutch

pilaastara
plaster

baandeejii
bandage

limmoo waraanuu
injection

isteetskooppi
stethoscope

siree dhukkubsataa
stretcher

termoo meetira klinikaa
clinical thermometer

dhaloota
birth

ulfaatinaa ol
overweight

gargaaraa dhageettii

hearing aid

qoricha aramaa

disinfectant

miidhama keessaa

infection

vaayirasa

virus

ECH AAIVII / EEDSII

HIV / AIDS

qoricha

medicine

talaallii

vaccination

kiniinii

tablets

kiniinii

pill

waamicha hatattamaa

emergency call

too'attuu dhiibbaa dhiigaa

blood pressure monitor

dhukkuba / fayyaa

ill / healthy

gargaarsa! Help!	 alaarmiis alarm	 weerara assault
 miidhuu attack	 suukaneessaa danger	 baha hatattamaa emergency exit
abidda Fire!	 abidda dhaamisituu fire extinguisher	 balaa accident
 saanduqa gargaasa calqabaa first-aid kit	 Sii'oosii SOS	 foolisii police

awurooppaa

Europe

ameerikaa kabaa

North America

ameerikaa kibbaa

South America

afrikaa

Africa

eesiyaa

Asia

awustraaliyaa

Australia

atilaantik

Atlantic

paasfiik

Pacific

galaana hindii

Indian Ocean

galaana antaartikaa

Antarctic Ocean

galaana arkitiik

Arctic Ocean

polii kaabaa

North Pole

polii kibbaa

South Pole

antaartikaa

Antarctica

dachee

Earth

dachee

land

garba

sea

odola

island

lammii

nation

kutt biyyaa

state

clock face

clock face

sa'aatii kana

hour hand

daqiiqaa kana

minute hand

moofaa

second hand

yeroon meeqa ta'ee?

What time is it?

guyyaa

day

yeroo

time

amma

now

sa'aatii diiskoo

digital watch

daqiiqaa

minute

sa'aatii

hour

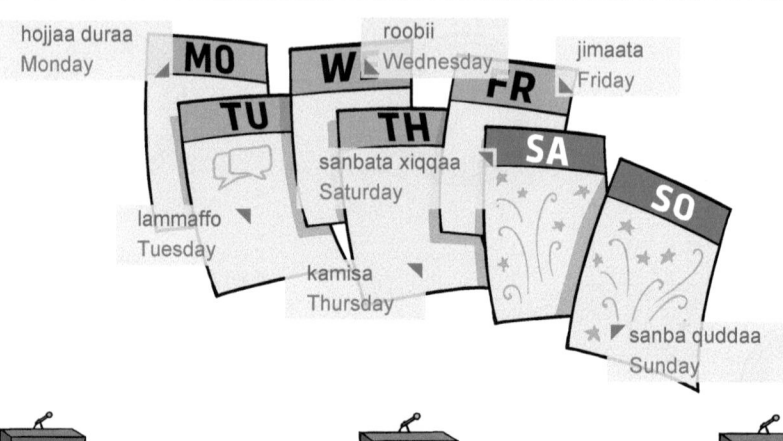

hojjaa duraa
Monday

roobii
Wednesday

jimaata
Friday

lammaffo
Tuesday

sanbata xiqqaa
Saturday

kamisa
Thursday

sanba quddaa
Sunday

kaleessa

yesterday

har'a

today

boru

tomorrow

ganama

morning

guyyaa qixxee

noon

galgala

evening

MO	TU	WE	TH	FR	SA	SU
1	2	3	4	5	6	7
8	9	10	11	12	13	14
15	16	17	18	19	20	21
22	23	24	25	26	27	28
29	30	31	1	2	3	4

guyyaa hojii

business days

MO	TU	WE	TH	FR	SA	SU
1	2	3	4	5	6	7
8	9	10	11	12	13	14
15	16	17	18	19	20	21
22	23	24	25	26	27	28
29	30	31	1	2	3	4

dhuma forbee

weekend

rooba
rain

sabbata waaqqaa
rainbow

cabbii
snow

bubbee
wind

birraa
spring

arfaasaa
autumn

bona
summer

ganna
winter

raaga haala qileensaa
weather forecast

teermoomeetirii
thermometer

baha aduu
sunshine

duumessa
cloud

hurii
fog

jiidha
humidity

bakakkaa

lightning

balaqqee

thunder

dirrisa

storm

cabbii

hail

monsoon

monsoon

lolaa

flood

cabbie

ice

Amajjii

January

Gurraandhala

February

Bitootessa

March

Eebila

April

Caamsaa

May

Waxabajji

June

Adooleessa

July

Hagayya

August

Fulbaana
....
September

Onkololeessa
....
October

Sadaasa
....
November

Muddee
....
December

boca

shapes

geengoo
....
circle

isqeerii
....
square

rog arfee
....
rectangle

rg sadee
....
triangle

molaalee
....
sphere

kuubii
....
cube

adii

white

boora

yellow

keelloo

orange

boorilee

pink

diimaa

red

bunnii

purple

cuqliisa

blue

magariisa

green

magaala

brown

bulee

grey

gurraacha

black

baay'ee / xiqqoo

a lot / a little

aara / gammachuu

angry / calm

bareeda / fokkuu

beautiful / ugly

calqaba / xumuura

beginning / end

guddaa / xiqqaa

big / small

ifa / dukkana

bright / dark

obboleessa / obboleettii

brother / sister

qulqulluu / xurii

clean / dirty

xumuuramaa / kan hin
xumuuramin

complete / incomplete

guyyaa / halkan

day / night

du'aa / jiraa

dead / alive

bal'aa / dhiphaa

wide / narrow

kan nyaatamu / kan hin nyaatamne

edible / inedible

badd / gaarii

evil / kind

gammachuu / ifannaa

excited / bored

furdaa / qal'aa

fat / thin

calqaba / dhuma

first / last

michuu / diina

friend / enemy

guutuu / duwwaa

full / empty

sakoruu / lalllaafaa

hard / soft

ulfaataa / salphaa

heavy / light

beeluu / dheebuu

hunger / thirst

dhukkuba / fayyaa

ill / healthy

seer malee / seera qabeessa

illegal / legal

gaanfuree / dabeessa

intelligent / stupid

bitaa / mirga

left / right

maddii / fagoo

near / far

haara'a / moofaa

new / used

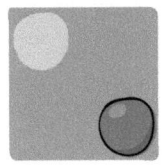

homma / waan tokko

nothing / something

jaarsa / dargaggeessa

old / young

ibsuu / dhaamsuu

on / off

banuu / cufuu

open / closed

callisuu / sagalee olkaasuu

quiet / loud

sooressa / hiyyeessa

rich / poor

sirrii / dogongora

right / wrong

sokorruu / lallaafaa

rough / smooth

aara / gammachuu

sad / happy

dheeraa / gabaabaa

short / long

qususaa / collee

slow / fast

jiidhaa / goggogaa

wet / dry

oo'aa / qorraa

warm / cool

lola / nagaa

war / peace

lakkoofsota

numbers

0

duwwaa

zero

1

tokko

one

2

lama

two

3

sadis

three

4

afur

four

5

shan

five

6

jaha

six

7

torba

seven

8

saddeet

eight

9

sagal

nine

10

kudhan

ten

11

kudha tokko

eleven

12

kudha lama

twelve

13

kudha sadi

thirteen

14

kudha afur

fourteen

15

kudha shan

fifteen

16

kudha jaha

sixteen

17

kudha torba

seventeen

18

kudha saddeet

eighteen

19

kudha sagal

nineteen

20

diigdama

twenty

100

dhibba

hundred

1.000

kuma

thousand

1.000.000

maliyoona

million

Ingiliffa

English

Ingiliffa Ameerikaa

American English

Mandarinii chaayinaa

Chinese Mandarin

Afaan Hindii

Hindi

Afaan Speen

Spanish

Afaan Faransaay

French

Afaan Arabaa

Arabic

Afaan Raashaa

Russian

Afaan Poortugaal

Portuguese

Afaan Beengaal

Bengali

Afaan Jarman

German

Afaan Jaappaan

Japanese

ana

I

si

you

isa / ishii / isa / wantootaf

he / she / it

nu'ii

we

isin

you

isan

they

eenyuu?

who?

maal?

what?

akkamitti

how?

eessa?

where?

hoom?

when?

maqaa

name

duuba

behind

keessa

in

fuldura

in front of

irra

over

gubbaa

on

jala

under

maddii

beside

gidduu

between

bakkee

place